à la campagne

Texte de Claude Lauriot Prévost

Merci aux illustrateurs de Gallimard Jeunesse et des Guides Gallimard :

L. Bour, J. Ph. Chabot, G. du Chatenay, J. Chevallier, G. Curiace, F. Desbordes, Cl. Felloni,
U. Fuhr, C. Lachaux, R. Mettler, S. Pérols, J.-M. Poissenot, M. Pommier, R. Sautai,
F. Schwebel, P.-M. Valat, Ph. Vanardois, J. Wilkinson.

Crédits photographiques

© Bios : J. Douillet, P. Delobelle, G. Lopez : p. 3 (1,3,4), © F. Bony : p. 3 (2), © Dorling Kindersley : J. Burton, P. Chadwick, K. Taylor, C. Keates, D. King, Ph. Dowell, J. Young : p. 8 (1,2,3), 16 (1,2,3,4,5,6), 17 (1,2,3,4,5), 18 (1,2), 19 (1,2), 12-13, 13 (1,2,3,4,5,6)
© Gallimard : p. 12 (1)

Offert par les stations ELF et ANTAR

GALLIMARD JEUNESSE

Le soleil brille, c'est l'été.
La campagne regorge de vie, de lumière, de couleurs et de bruits. Il y a des merveilles à voir partout, dans les bois, dans les champs, dans les jardins, dans les buissons. L'aventure est à portée de ta main : à toi d'en profiter. Fais-toi un monceau de beaux souvenirs pour les mois à venir. Ouvre les yeux, regarde partout : tu ne seras pas déçu.

Les **oiseaux** sont très nombreux. Apprends à les connaître en écoutant leur chant.

La France est un pays très varié : on y admire toutes sortes de paysages. La campagne, peut-être moins prisée que le bord de la mer ou la montagne, est cependant très belle dans notre «douce France».

Petit matériel du promeneur averti
Carnet et crayon sont indispensables. Une loupe offre bien des joies en perspective.

Un couteau, de la ficelle et un panier muni d'un couvercle permettront de recueillir et transporter les précieux trésors.

Quelques bons conseils
•La prudence est de rigueur quand on part en promenade, même à la campagne quand il fait beau.
•La nature est à tous, à tous de la respecter et de la protéger. •Ne marche jamais dans un champ pas encore moissonné, referme toujours une barrière après ton passage, ne mange pas n'importe quel fruit, ne suce pas tes doigts quand tu cueilles des fleurs.
•Relâche les petites bêtes que tu prendras pour les observer.

Sommaire

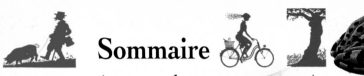

A travers champs

L'**ajonc** est un arbuste toujours vert, aux fleurs jaune d'or, qui pousse dans les landes.

En été, les jours sont longs et chauds. C'est l'époque où il y a le plus de choses à voir. Dans les bois et les champs, les fleurs sont écloses. Tous les oiseaux, y compris les visiteurs de l'été venus des pays lointains, ont fait leur nid et s'occupent de leurs petits. Buissons et arbres sont

Le **renard** rôde le long des haies, cherchant des proies, et entre parfois dans les villages.

Le **tilleul** fournit une bonne tisane.

Le **paon de jour** ou **Vanessa io** a des ocelles très colorés et vifs sur les ailes.

Il creuse son terrier dans les forêts, les landes, les bocages. Il comprend une entrée, un garde-manger et une cavité ronde où la femelle fait ses petits.

Le **triton crêté** vit dans les prairies marécageuses, les étangs et les mares claires. Au moment de la reproduction, il effectue une danse nuptiale spectaculaire.

couverts de feuilles. Les fleurs et les feuilles servent de nourriture aux insectes et ces derniers sont la proie des oiseaux qui les attrapent pour leurs petits. Au jardin, les papillons visitent les fleurs qui sont aussi les reines de la prairie. C'est là que vit la sauterelle qui y chante toute la journée. Et l'alouette y fait son nid. Les reptiles se réfugient dans les haies, mais ont besoin aussi de soleil. Lève la tête quand tu marches dans les bois : un hibou peut être perché sur un arbre. Et si tu as de la chance, tu entendras le rossignol.

Le **rouge-gorge** choisit un jardin pour territoire et en expulse les éventuels rivaux.

Le **cynorrhodon** fournit le fameux poil à gratter.

Quel temps fera-t-il ?

La force du vent

Force 0 : calme
On note le vent de 0 à 12. Force 0 correspond au calme plat : les feuilles ne remuent pas.

Les montagnards, les marins et les paysans connaissent depuis toujours des petits signes, des indices, qui leur permettent de prévoir le temps qu'il fera. Aujourd'hui, la météorologie est une science à part entière, indispensable à bien des hommes pour exercer leur métier avec le moins de risques possible.

Les fleurs du **mouron rouge** s'ouvrent par temps ensoleillé et se ferment dès que la pluie est dans l'air.

Force 3 : petite brise
C'est un amiral anglais, Beaufort, né en 1774, qui a pensé à noter la force du vent.

Force 8 : coup de vent
Les tempêtes les plus spectaculaires de nos régions correspondent au chiffre 10 sur l'échelle de Beaufort. Les ouragans ne soufflent pas chez nous.

Il existe différents **nuages**. Les stratus sont en couches minces, les cirrus ont la forme de flocons, les cumulus, celle de boules. Le nom des nuages qui flottent entre 6 000 et 2 000 m commencent par cirro, alto et strato.

Le ciel peut revêtir de violentes couleurs.

Des **vaches** couchées dans un pré indiqueraient que la pluie arrive. Elles se ménageraient un endroit sec où se reposer.

La **pomme de pin** est sensible à l'humidité de l'air. Elle ouvre ses écailles quand il fait sec, et les resserre à l'approche de la pluie.

cirro-stratus

alto-cumulus

cumulo-nimbus

cumulus

Tous les oiseaux

Tourterelle des bois

La buse, la huppe, le vanneau, le chardonneret, le milan, le coq, la bécasse et l'aigrette sont des oiseaux. Il en existe près de 9 500 espèces qui s'adaptent à un peu tous les milieux. Ils ont le corps couvert de plumes parfois très colorées (surtout chez les mâles), deux pattes et un bec aux formes les plus diverses : long, gros, fin, recourbé, croisé, aplati, etc., selon leur régime alimentaire.
La plupart d'entre eux volent.

Chouette effraie

Installe des nichoirs et des mangeoires dans un jardin. Des mésanges viendront y picorer.

Les ailes, mues par les muscles de la poitrine, ont de grandes plumes, les rémiges.

Héron cendré

En juillet et août, la **cigogne blanche** gagne l'Afrique par le détroit de Gibraltar. Elle peut vivre 26 ans !

Milan noir

Le plumage du **canard colvert** mâle est magnifique. Sa tête est d'un vert brillant. La femelle est terne.

Le **foulque macroule** a le plumage noir. Son bec blanc se prolonge par une plaque sur le front.

La forme du bec varie selon le régime alimentaire. Le **faucon crécerelle** est carnivore (campagnols, lézards), le **merle noir** est frugivore (baies), la **mésange charbonnière** est insectivore, le **bouvreuil** est granivore (graines).

La **pie bavarde** est une célèbre voleuse d'œufs. Autrefois elle vivait dans les fermes, mais maintenant on la rencontre souvent dans les villes. Son plumage noir et blanc permet de l'identifier facilement.

Quelques oiseaux !
Sur le perchoir :
1. **hirondelle rustique**
2. **hirondelle de fenêtre**
3. **bruant jaune**
4. **tarier pâtre**
5. **verdier**
6. **moineau domestique**

Le **geai** est brun avec le croupion blanc, et des plumes noir et bleu sur les ailes.

Nuée d'**étourneaux**

13. **alouette des champs**
14. **buse variable**
15. **étourneau sansonnet**
16. **fauvette à tête noire**

7. **chardonneret,**
8. **mésange bleue**
9. **bouvreuil**
10. **mésange charbonnière**
11. **grive musicienne**
12. **pouillot véloce**

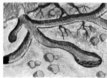

Timides mammifères

Un squelette, un cerveau bien développé, des poumons pour respirer, du sang chaud qui leur permet d'affronter tous les temps et, chez les femelles, des mamelles qui donnent du lait pour nourrir les petits : voici les caractères particuliers des mammifères. Ils ont le corps recouvert de poils et ont parfois de belles fourrures, comme le renard ou l'ours. Ils vivent un peu dans tous les milieux : le chien et le chat habitent sur la terre, la baleine et le dauphin dans la mer, la chauve-souris vole et la taupe ne quitte guère sa demeure souterraine. Les premiers mammifères existaient

Le **blaireau** creuse des terriers collectifs avec ses griffes.

On le reconnaît grâce à sa face noir et blanc.

Il a un régime très varié, il mange de tout.

Le **campagnol** vit dans des endroits frais.

Son régime est également varié.

Lièvre commun

Le **lapin de garenne** vit dans un terrier creusé dans le sol.

Il mange des graminées et des écorces d'arbres en hiver.

La **pipistrelle** (chauve-souris) a un vol rapide et zigzagant, facile à identifier au crépuscule. Elle se nourrit d'insectes qu'elle attrape en vol : mouches, moustiques, papillons de nuit. Ses doigts, très développés, sont réunis par une membrane (ce sont ses «ailes»).

Il a de gros yeux, de longues oreilles et des pattes postérieures développées. Les mâles se livrent à des courses effrénées pour conquérir les femelles.

Le **lérot** est un petit rongeur au poil roux et blanc. Il mange insectes, faines de hêtre et noisettes.

Il vit dans les cultures et dans les maisons.

Il en existe de très nombreuses espèces.

Le **chevreuil** n'est pas un gros animal : le mâle pèse 25 kg.

Le **hérisson,** ami des jardiniers, consomme limaces et insectes.

La **fouine** s'est adaptée à l'homme dont elle habite parfois les maisons.

L'**écureuil** vit en général dans les bois de pins dont il mange les graines.

Le **renard** laisse une odeur musquée derrière lui.

Les **faons** naissent en juin.

déjà du temps des grands dinosaures. C'étaient de très petits animaux, très malins, ce qui leur a permis de survivre. Ils sont très nombreux à la campagne : les cerfs et les biches se cachent dans les bois, les mulots et les fouines dans les champs, les écureuils dans les arbres. Ils aiment le chaud ou le froid, le jour ou la nuit, et ils mangent toutes sortes de choses. L'homme est également un mammifère.

Le **cerf élaph**e se reconnaît à ses bois.

Le **sanglier** se nourrit dans les cultures.

Les champs qui nous nourrissent

Voici des milliers d'années, nos ancêtres erraient dans la campagne, chassant les bêtes sauvages et récoltant les fruits. Ils ne savaient pas cultiver la terre. Un jour, cependant, ils finirent par découvrir que

blé dur, blé tendre   orge à 6 et 2 rangs

des graines plantées en terre donnaient des récoltes beaucoup plus abondantes qu'on ne pouvait en engranger pour l'hiver. L'agriculture venait de naître.

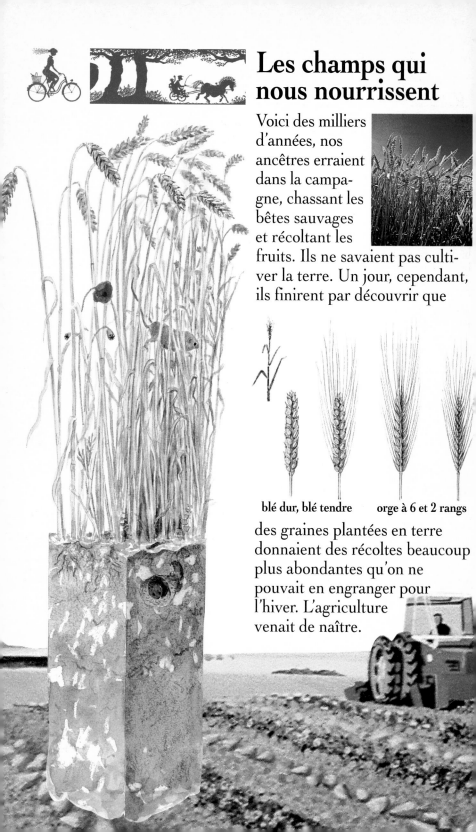

**Alouette
des champs**

Le chant du **bruant
proyer** (1), aigu et
bref, ressemble au
bruit d'un trousseau
de clefs qu'on agite.
Quand il vole, il laisse
parfois pendre ses
pattes.

Aujourd'hui, les champs
font partie de nos paysages
les plus familiers. En été, ils
revêtent de belles couleurs : doré
du blé mûr, piqueté çà et là de
coquelicots et de bleuets, vert de
la luzerne, jaune du colza ou des
grands tournesols, bleu et blanc
du lin. Les oiseaux y abondent,
les petits rongeurs y font leur
demeure.

Ces fleurs jaunes de
tournesol, dont la
tige peut mesurer
3 m, se tournent vers
le soleil, d'où leur
nom. Avec leurs
graines, on fait de
l'huile. Cette culture
s'est récemment
répandue en France.

1

Le **traquet motteux**
(2) visite nos champs
et nos prairies au
début de l'été. Sa
queue noir et blanc
remue de haut en bas.

2

Il niche dans les
terriers de lapins.

Les cultures vivrières
servent à l'alimen-
tation. Les céréales
viennent au premier
rang, avec le blé,
l'avoine, l'orge,
le seigle, le maïs,
le sarrasin, le riz, etc.
La **betterave à sucre**
pousse bien sous des
climats tempérés
comme celui de la
France. Sa grosse
racine contient un jus
épais, gorgé de sucre.
Les graines se
plantent au
printemps. Les
feuilles poussent
dès le mois de mai.
La récolte se fait en
septembre.

Le **maïs** nourrit les
hommes et les ani-
maux.

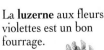

La **luzerne** aux fleurs
violettes est un bon
fourrage.

L'**avoine** sert à l'ali-
mentation des ani-
maux.

Les graines du **colza**
jaune donnent de
l'huile.

Le charme des fleurs

Les jolies espèces de cette page appartiennent à des plantes très perfectionnées : les plantes à fleurs. Il en existe environ 300 000 espèces différentes à travers le monde. Les fleurs ne sont pas faites uniquement pour décorer les maisons ou les jardins, ni pour nourrir les abeilles et les papillons.
Ce sont avant tout les organes reproducteurs des plantes.

Le **bugle pyramidal** est une plante rampante à feuilles et à tige velues.

L'odorante **reine des prés** vit dans les prairies et les bois humides.

Le **coquelicot** a des pétales chiffonnés.

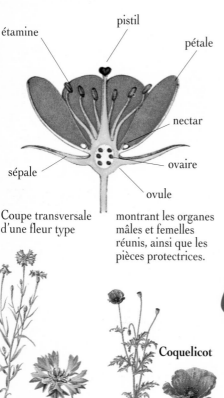

étamine

pistil

pétale

nectar

ovaire

sépale

ovule

Coupe transversale d'une fleur type montrant les organes mâles et femelles réunis, ainsi que les pièces protectrices.

Coquelicot

Bluet

La **digitale pourpre** est une grande plante aux feuilles toxiques : ne la cueille pas.

La **renoncule âcre**, appelée couramment bouton-d'or, a besoin d'humidité.

Le **machaon** (1) et le **citron** (2) volent sur un bouquet de fleurs des champs.

La **bruyère cendrée** pousse en terrain sec et sablonneux.

Le **chèvrefeuille** a un parfum délicieux qu'aiment les abeilles.

Coquelicot

Embaumer la maison

Un pot-pourri parfumé
Il faut faire bien sécher toutes sortes de feuilles et de fleurs odorantes, puis les enfermer dans un bocal hermétique avec du gros sel. Remue de temps en temps. Quand tu voudras embaumer la maison, tu n'auras qu'à ouvrir le bocal. Tu peux aussi mettre le pot-pourri dans un petit sac en tissu ou

dans un joli pot, mais il durera moins.

Tant d'insectes

Bien connue de tous, la **mouche bleue** envahit les étables en été. Elle pénètre dans les maisons et pond ses œufs sur la viande.

Métamorphose du **papillon**

On connaît dans le monde plus d'un million d'espèces d'insectes, mais on pense qu'il en reste au moins autant à découvrir ! Ce sont des invertébrés, c'est-à-dire qu'ils ont un squelette externe, appelé cuticule. L'animal commence sa vie sous forme de

La **guêpe** est un insecte élégant aux vives couleurs, mais sa piqûre est douloureuse.

Le **philanthe apivore** se nourrit d'une abeille.

Le **bourdon terrestre** vit en colonie. Seule la reine vit plus d'un été. Elle hiberne dans un trou avec les larves.

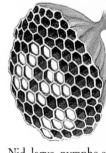

Nid, larve, nymphe et adulte du **poliste**

Intérieur d'une **ruche**

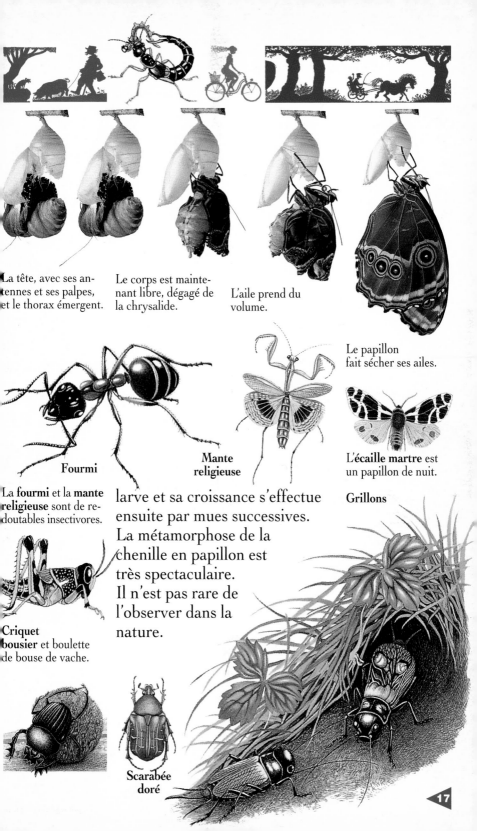

La tête, avec ses antennes et ses palpes, et le thorax émergent.

Le corps est maintenant libre, dégagé de la chrysalide.

L'aile prend du volume.

Le papillon fait sécher ses ailes.

Fourmi

Mante religieuse

L'**écaille martre** est un papillon de nuit.

La **fourmi** et la **mante religieuse** sont de redoutables insectivores.

larve et sa croissance s'effectue ensuite par mues successives. La métamorphose de la chenille en papillon est très spectaculaire. Il n'est pas rare de l'observer dans la nature.

Grillons

Criquet bousier et boulette de bouse de vache.

Scarabée doré

Eaux dormantes, eaux courantes

La jolie **demoiselle** au long corps bleu, rouge ou vert métallique, vit au bord des mares et des cours d'eau.

Le **dytique** vit dans l'eau et, avec ses puissantes mâchoires, attaque les animaux qui s'y trouvent, y compris les poissons.

La **grenouille verte** mesure de 7 à 10 cm. Elle habite près de plans d'eau ensoleillés où la végétation est abondante. Elle mange des insectes, des araignées, des escargots. Elle pond des œufs par paquets. Les têtards mangent des algues et subissent une métamorphose avant de devenir adultes.

Le **martin-pêcheur** file au-dessus de l'eau comme une flèche bleue. Il plonge d'un perchoir pour attraper des poissons et des insectes.

Son plumage aux couleurs électriques avertit les prédateurs que sa chair a un très mauvais goût.

Des eaux dormantes, des eaux courantes, deux milieux où fourmille la vie ! Au bord de l'eau, tu ne risques pas de t'ennuyer, mais reste prudent ! En plus des poissons qui sont vraiment chez eux dans l'eau, il y a des oiseaux, des insectes, des amphibiens – des grenouilles, mais aussi des crapauds, des salamandres, des

Œuf de bécasse

Canards colverts

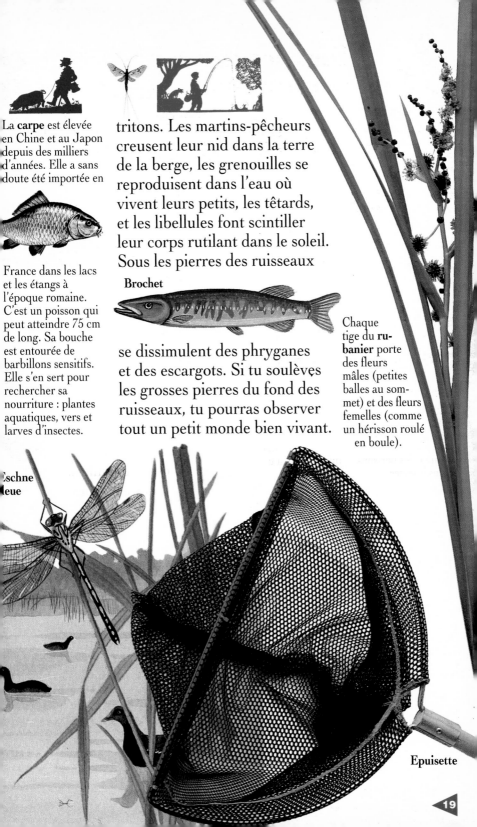

La **carpe** est élevée en Chine et au Japon depuis des milliers d'années. Elle a sans doute été importée en

tritons. Les martins-pêcheurs creusent leur nid dans la terre de la berge, les grenouilles se reproduisent dans l'eau où vivent leurs petits, les têtards, et les libellules font scintiller leur corps rutilant dans le soleil. Sous les pierres des ruisseaux

France dans les lacs et les étangs à l'époque romaine. C'est un poisson qui peut atteindre 75 cm de long. Sa bouche est entourée de barbillons sensitifs. Elle s'en sert pour rechercher sa nourriture : plantes aquatiques, vers et larves d'insectes.

Brochet

se dissimulent des phryganes et des escargots. Si tu soulèves les grosses pierres du fond des ruisseaux, tu pourras observer tout un petit monde bien vivant.

Chaque tige du **rubanier** porte des fleurs mâles (petites balles au sommet) et des fleurs femelles (comme un hérisson roulé en boule).

Æschne bleue

Epuisette

19

Des animaux à sang froid

Les œufs de la **couleuvre à collier** se développent dans des végétaux morts.

Tête large et plate.

Les reptiles et les amphibiens sont des animaux à sang froid. C'est-à-dire que la température de leur corps dépend de la température extérieure : ils aiment donc en général le soleil. Quand on les prend dans ses mains, on a une sensation de froid et de glissant, pas forcément agréable. Ce sont cependant des animaux utiles, dans les potagers par exemple.

Dans les Maures, la **tortue d'Hermann** est menacée par le feu.

La **cistude d'Europe** vit en eaux calmes. Elle est aquatique, mais se déplace avec agilité à terre.

La femelle peut atteindre 1,70 m de longueur. Le mâle est plus petit.

Vipère aspic

Le **lézard ocellé** est le plus grand lézard d'Europe.

Le **lézard des murailles** est commun

Si on dérange cette vipère venimeuse, sa réaction est de fuire.

sauf en ville car les chats le mangent.

Grenouille

Le **lézard vert** aime se chauffer au soleil. Il mord si on le touche.

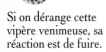

Salamandre tachetée

Elle se déplace lentement, le soir venu.

Aquarium original

Fais un aquarium. Si tu recueilles des larves de libellule, ne les mets pas avec d'autres animaux : elles sont carnassières. Remets-les à l'endroit où tu les as trouvées.

Fais une épuisette avec une fourche de noisetier et un sac de pommes de terre.

Une femelle pond un paquet d'œufs.

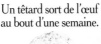

Un têtard sort de l'œuf au bout d'une semaine.

Le **triton commun** a une crête dorsale. Il ressemble à un lézard à peau lisse.

La **rainette verte** a les doigts munis de ventouses.

La **grenouille verte** vit en eaux saumâtres.

Le têtard se colle aux plantes par des suceurs.

Les pattes postérieures apparaissent.

Crapaud accoucheur

A 10 semaines, les pattes antérieures poussent, la queue tombe.

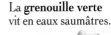

Le **crapaud commun** a la peau verruqueuse.

Promenons-nous dans les bois

Un monde mystérieux, plein d'ombres, domaine des fées, du Petit Chaperon rouge et du loup, mais aussi des renards, des écureuils espiègles, des petits oiseaux chanteurs. Et si tu aimes les champignons, tu en trouveras de nombreuses espèces, même en été. Mais attention, tous ne sont pas tes amis ! Le plus joli, avec son chapeau rouge et ses pois blancs, peut t'empoisonner si tu le manges. Ecoute plutôt le froissement des branches, le cri des animaux et le chant du vent dans les chênes.

Lorsque la forêt vieillit, on coupe les arbres. De nouvelles tiges jaillissent des souches des arbres coupés. Ainsi se forme le taillis.

Le gland tombe à terre et germe.

La radicule s'enfonce dans la terre, la tigelle pousse vers le ciel.

Le **chêne** est un arbre majestueux. Son fruit, le gland, renferme une seule graine.

La croissance de cette petite plante peut durer deux ou trois cents ans et plus.

Bécasse des bois

Blaireau

Campagnol roussâtre

Spores en fête

Sans l'arracher, ramasse un champignon dans la forêt. Coupe le pied et place le chapeau, lamelles vers le bas, sur une feuille.

Ne touche plus à ton œuvre.

Le lendemain, retire le chapeau. Tu peux observer la trace des lamelles laissée par

les spores sur la feuille. Mets un peu de fixatif pour empêcher les spores de s'envoler.

Cèpe de Bordeaux

La **girolle** est assez commune et très savoureuse.

Ecureuil roux

Pied-de-mouton

Dans le doute, montre tes champignons à un pharmacien.

Ne touche pas à l'**amanite-tue-mouche.**

Ni à l'**amanite phalloïde**. Danger !

Fauvette à tête noire

Cèpe

A l'abri du bocage

Saule taillé en têtard

Repousse de l'arbre

Le bocage en été est un merveilleux endroit pour observer les arbres, les fleurs sauvages, mais aussi les petits

Pour tailler un arbre en têtard, il faut l'étêter. Il porte alors de fins rameaux au sommet du tronc, à l'abri du bétail. On taille ainsi le saule, le frêne, le noyer.

Les champs du bocage sont séparés par des talus surmontés de haies.

La **taupe** vit sous terre, dans des galeries qu'elle creuse avec ses pattes antérieures en forme de pelle. Lorsqu'elle part à la recherche de vers, elle déblaie la terre au-dessus d'elle, ce qui forme les taupinières.

Le **lychnis-fleur-de-coucou** est une belle fleur rose.

Les feuilles ont des formes différentes.

1

Celle du **chêne** (1) est lobée, non dentée. Celle du **frêne** (2) est pennée et dentée. Celle du **noisetier** (3) est dentée, non lobée.

2

Le **merle noir** et la **corneille noire** s'éloignent de la haie et s'habituent de plus en plus à l'homme.

3

Le **lapin de garenne** creuse son terrier à l'abri de la haie.

Un carnet de croquis

Comme un explorateur, tiens à jour un carnet dans lequel tu écriras le récit de tes découvertes. Tu pourras y coller les fleurs et les feuilles séchées que tu auras

Plume **de geai**
Pâquerette

Perdrix et feuille de **saule**

trouvées. Dessine les animaux que tu auras vus durant tes promenades, et inscris tes remarques personnelles.

mammifères, les oiseaux et les insectes. C'est l'habitat préféré de nombreuses espèces végétales. Le bocage stabilise ainsi les sols et sert de coupe-vent. C'est un lieu protégé où il fait bon vivre !

Fruits sauvages

Loin des vergers et des potagers, les fruits sauvages – rutilants, brillants, discrets ou ternes – abondent. Mais il faut être prudent. Certaines baies, par exemple, sont comestibles et font de délicieuses confitures, tandis que d'autres sont terriblement toxiques. Ces dernières, cependant, ne sont pas pour autant inutiles : les pharmaciens en ont besoin pour faire certains remèdes.

Les **noisettes** ont une coque dure qu'il faut casser pour manger l'amande. C'est la «gourmandise» des écureuils qui les cueillent souvent avant les hommes !

L'**argouse** pousse sur un arbuste résistant au vent.

C'est pourquoi on le plante sur les dunes. Les baies, en groupes denses sur les rameaux, sont mûres en automne et en hiver. Délicieuse nature !

La **noix** est entourée d'une écorce verte appelée brou.

Le **cynorrhodon** est le fruit de l'églantier.

Les baies noires de la **belladone** sont extrêmement toxiques.

La **prunelle** se trouve dans les haies et les taillis. Malgré son goût acidulé, on en fait de délicieuses confitures.

On cueille les **mûres**, fruits de la ronce, au mois d'août, sur les

haies, le long des chemins creux, et dans les clairières des forêts. On en fait des confitures, de la gelée et des tartes succulentes. Attention aux épines !

Confiture vite faite !

Confiture de prunes
3 kg de prunes
3 kg de sucre
0,3 l d'eau

sucre et remuer. Ajouter ensuite les «amandes» des noyaux. Faire

Laver les prunes et les couper en deux. Faire cuire à feu doux avec l'eau, un moment. Ajouter le

bouillir à gros feu 30 minutes. Retirer les amandes et verser la confiture dans des pots.

Les **groseilles** sont réunies en grappes.

Elles ont un goût acidulé. On les mange nature, en jus, en confiture, en liqueur. On en nappe les tartes. Elles sont rouges ou blanches.

La **merise** ou cerise sauvage sert à faire du kirsch.

Le **sureau à grappe** porte des baies rouges riches en vitamine C.

La **cernelle** est farineuse et fade. On en fait des marmelades, et les oiseaux s'en délectent.

La **framboise** abonde dans les jardins. Nature, c'est un fruit exquis. Egalement merveilleuse en gelée. Elle ressemble à la mûre, mais en rouge.

Activités

Les animaux laissent des indices de leur passage qui trahissent leur présence. Le blaireau creuse son terrier à l'aide de griffes puissantes.

Pour faire une belle canne, il un canif et une branche de **noisetier** bien droite.

En tournant la canne, fais une entaille dans l'écorce, et une autre juste à côté. L'écorce se décolle et le bois apparaît. Dans un morceau de **hêtre**, on peut sculpter une belle tête d'animal. Attention aux doigts !

Les empreintes du **blaireau** montrent que c'est un puissant terrassier. Il prend les mêmes chemins, surtout la nuit.

Une veste de randonnée
Des astuces plein les poches ! Ficelle, passoire, mousqueton, pince à linge, etc.

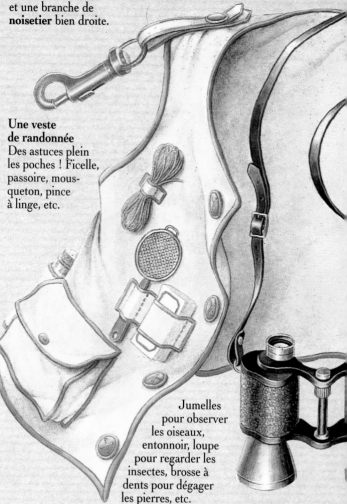

Empreintes de **brocard,** chevreuil mâle de moins d'un an, et de **chevrette.**

Les excréments sont un bon indice de la présence des animaux. Ceux du **chevreuil** s'appellent moquettes.

Jumelles pour observer les oiseaux, entonnoir, loupe pour regarder les insectes, brosse à dents pour dégager les pierres, etc.

Explorer la nature

Nichoir à construire.
Il te faut une planche
de 60 x 25 cm et
quelques clous.

Bouteille renversée
sur une coupelle et
fixée à un arbre : une
bonne mangeoire.

Coudes aux genoux,
jumelles sur le rebord
de l'ouverture : on
observe.

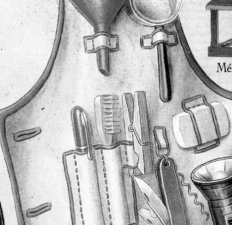

Mésanges
et bouvreuils
viendront
picorer.

Le **rouge-gorge**
construit un nid
d'herbes sèches,
de feuilles mortes et
de mousses, à même

le sol entre les
racines, sous des
branchages ou au
flanc d'un talus.

Crayon,
gomme,
carnet pour
noter tes
observations.

Flacon avec
couvercle métallique

percé de trous
pour mettre les
insectes, lampe
torche, canif, etc.

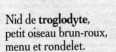

Nid de **troglodyte**,
petit oiseau brun-roux,
menu et rondelet.

Jeu

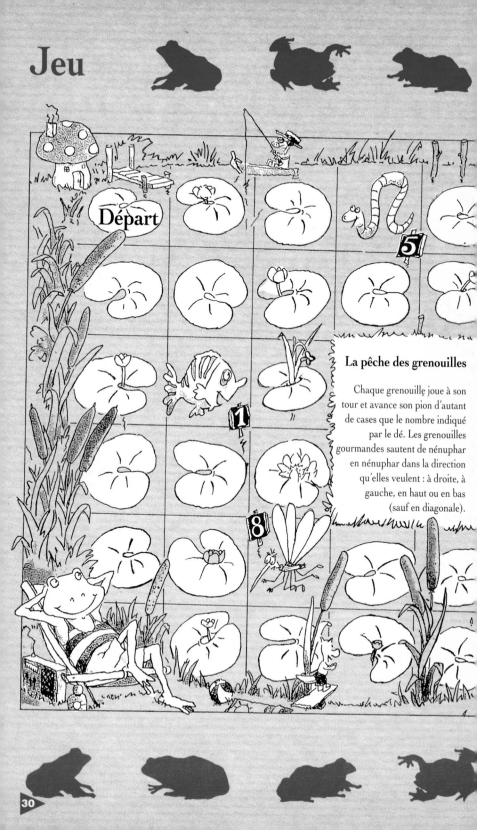

Départ

5

1

8

La pêche des grenouilles

Chaque grenouille joue à son tour et avance son pion d'autant de cases que le nombre indiqué par le dé. Les grenouilles gourmandes sautent de nénuphar en nénuphar dans la direction qu'elles veulent : à droite, à gauche, en haut ou en bas (sauf en diagonale).

La pêche des grenouilles

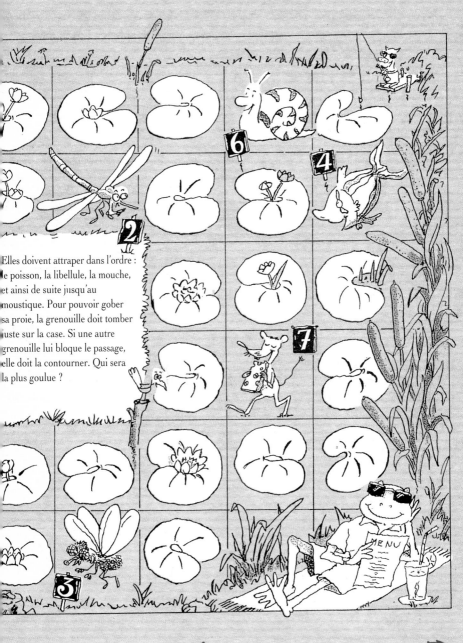

Elles doivent attraper dans l'ordre : le poisson, la libellule, la mouche, et ainsi de suite jusqu'au moustique. Pour pouvoir gober sa proie, la grenouille doit tomber juste sur la case. Si une autre grenouille lui bloque le passage, elle doit la contourner. Qui sera la plus goulue ?

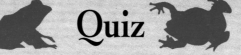

Quiz

Pour chacune de ces questions, il n'y a qu'une seule bonne réponse. Trouve-la et regarde la solution en bas de page.

1 La pipistrelle est :
A. un oiseau nocturne
B. un champignon vénéneux
C. une chauve-souris

2 Le phrygane est :
A. un insecte
B. un poisson
C. un amphibien

3 L'une de ces plantes est très toxique. Laquelle ?
A. la renoncule
B. le lychnis fleur-de-coucou
C. la belladone

4 Le gland est le fruit :
A. du chêne
B. du hêtre
C. du bouleau

5 Les rémiges sont :
A. des traces d'animaux
B. des oiseaux migrateurs
C. des grandes plumes de vol

6 Lequel de ces mammifères n'hiberne jamais ?
A. le hérisson
B. le sanglier
C. le lérot

Réponses
1C. 2A. 3C. 4A. 5C. 6B.

ISBN 2-07-058552-2. © Gallimard Jeunesse 1994.
loi n° 49-956 du 16 juillet 1949 sur les publications destinées à la jeunesse.
Dépôt légal: juin 94. Imprimé en CEE.